Carl Zeller, Moritz West, Ludwig Held

Der Vogelhändler

Operette in drei Akten

Carl Zeller, Moritz West, Ludwig Held

Der Vogelhändler
Operette in drei Akten

ISBN/EAN: 9783337320584

Hergestellt in Europa, USA, Kanada, Australien, Japan

Cover: Foto ©Thomas Meinert / pixelio.de

Weitere Bücher finden Sie auf **www.hansebooks.com**

DER
VOGELHÄNDLER

Operette in drei Acten

(nach einer Idee des Biéville)
von
M. WEST und L. HELD.

Musik

von

Carl

Clavier-Auszug mit Text Pr.	M 6.—	netto
Eingerichtet vom Componisten	fl 3, 60	
Clavier-Auszug ohne Text Pr.	M 4, 50	netto
Eingerichtet von Wilh Popp	fl 2, 70	

Der Vogelhändler.

Operette von
CARL ZELLER.

Praeludium.

Allegro moderato.

Piano.

B. & C⁰ 123 124

Leipzig, Bosworth & C⁰

4

Moderato.

attacca Nº I.

ACT I.

№ 1. Introduction.

Je - der holt sich sei - nen Theil, Waid - mann's Heil!

holt sich sei - nen Theil, Waidmann's, Waid - mann's Heil! Wer als Wild-schütz wird ent-deckt, der wird

(Ein Aug-stlicher aus dem Chor)

Je - der holt sich sei - nen Theil, Waid - mann's Heil!

(keck)

Bah, das Er - wi - schen ist zu schwer, Durch-laucht selbst kommt nie hie -

Alle.

si - cher in's Loch ge - steckt! Bah, das Er - wi - schen ist zu schwer, Durch-laucht selbst kommt nie hie -

Bah, das Er - wi - schen ist zu schwer, Durch-laucht selbst kommt nie hie -

her!

Sei - ne

(Ein Angstlicher.)

her! Doch Sei - ner Durch-laucht Jä - ger sind hin - ter dem Wild - dieb her ge - schwind! Sei - ne

Alle.

her! Sei - ne

Jä - ger, faul und dumm, füh - ren wir an der Na - se her - um!

Jä - ger, faul und dumm, füh - ren wir an der Na - se her - um! (Ein Muthiger aus dem Chor.) Büch - sen ber-gen wir hier im

Jä - ger, faul und dumm, füh - ren wir an der Na - se her - um!

(Ein Anderer.) Fass, noch kam kein För - ster auf den Spass! Schiesspul-ver tra - gen wir im Sack, in Do - sen

So wird kein Wild-schütz at - tra - pirt

Alle. (Einige aus dem Chor.) g'rad' wie Schnupfta - bak! So wird kein Wild-schütz at - tra - pirt, höch-stens wenn er ex - plo-

So wird kein Wild-schütz at - tra - pirt

molto cresc.

dass ihm ein hübsch Ge-mein-de-kind ei-nen Strauss ü-berreich' zum An-ge-bind! Ich werd' zur Au-di-

enz sie bringen, kann sie des Für-sten Huld er-ringen, wird er 'ne Mit-gift ihr ver-leih'n, a-ber

Schneck.

sau-ber muss die Jungfrau sein! Jungfern gibt's in der Ge-mei-ne bei der nur ganz klei-ne,

Weps (schreiend) Schneck.

darfs dem kei-ne Wit-we sein, da hät-ten wir sehr fei-ne! Ei-ne Jungfrau! Darf's

Sehr fei-ne!

Sehr fei-ne!

Sehr fei-ne!

No 2. Entrée Adam's.

goldnen Vö-geln fra-gen.

al-le Kraxen voll!

al-le aus Ti - rol! Grüss enk

goldnen Vö-geln fra-gen, sind schon da, al-le Kraxen voll, fromm dres-sirt, al-le aus Ti - rol! Grüss enk

goldnen Vö-geln fra-gen, sind schon da, al-le Kraxen voll, fromm dres-sirt, al-le aus Ti - rol! Grüss enk

Gott, al-le mit ein - an-der, al-le mit ein - an-der, al-le mit ein - an-der. Wir sind g'sund wie-der auf der

Gott, al-le mit ein - an-der, al-le mit ein - an-der, al-le mit ein - an-der. Wir sind g'sund wie-der auf der

Gott, al-le mit ein - an-der, al-le mit ein - an-der, al-le mit ein - an-der. Wir sind g'sund wie-der auf der

grüss euch,   grüss euch,

grüss euch,   grüss euch,

grüss euch,   grüss euch,

(seinen Vogel-

grüss enk. Ih bin g'sund, wie-der auf der Wan-der, grüss enk, grüss enk, grüss enk

*) Chor der Tiroler mit dem allg. Chor.

an-der, al-le mit ein - an - der! wie-der auf der Wan-der, wie-der auf der Wan-der, grüss euch

an-der, al-le mit ein - an - der! wie-der auf der Wan-der, wie-der auf der Wan-der, grüss euch

an-der, al-le mit ein-an-der! wie-der auf der Wan-der, wie-der auf der Wan-der, grüss euch

(korb ab-setzend.)

Gott! Schauts enk mei-ne Vö-gel an, lasst mich was ver-die-nen dran! grü-ne, gel-be, grosse,

Gott!

Gott!

Gott!

(stolz)

klei-ne, a-ber bun-ter su-per-fei-ne! die sind mehr studirt, als Ihr, die Dressur hab'n's ja von mir! Ih gelts

*) Von hier ist der Chor der Tiroler gleichlautend mit dem allgemeinen Chor.

(stösst in die Lockpfeife, worauf die Vögel in lebhafte Bewegung gerathen und singen.)

'sWas-ser fort, lass'ihn bo-cken dort! Ah! das wirkt! Wie beim Vo-gel gehr's

ah beim Mä-del stets, wolln sie Euch se-kir'n, nur gleich fest dres-sir'n!

Ih hab noch ei-ne Jo-de g'richt, nur ei-ne Ein-zi-ge

Adam.
nicht! Ei-ne nicht! Ei-ne nicht! Wann

Chor.
Ah die Christel! die Christel!

Ah die Christel, ah die Christel!

Ah die Christel! die Christel!

ih auf Got-tes Er-den al-le al-le Vö-gel fang', fehlt mir

just das ei-ne Täu-berl, nach dem ih am mei-sten ver-lang!

Grad das kann ih nit er-wi-schen, was ih pfeif und locken auch

mag; denn trotz al-ler mei-ner Pfif-fe, will's mir nit in den

Vo-gel-schlag! Mit ihrm Hauben-schö-pferl, mit ihrm lieben Krö-pferl,

mit ihr'm Hal-serl schnee - rie - serl-weiss___ that-nach Andern gu-cken, hat für

mih nur Mu-cken macht den Kopf mir gar heiss! ___ Und ih muss das Täu-berl

fan-gen ih halt's nit aus die Qual, ___ drum will ih's heut ver-

su-chen ___ zum al - ler - letz - ten-mal! Und sollt' sie

wie - der trotzen und grad in i - re Kau-pen habn ___ dann

38

№ 3. Duett.

Nº 4. Entrée der Kurfürstin. (Rhein-Walzer.)

Wol - len heut' den Her - - ren lus - tig mo - res leb -

ren, die von A - mors Pfei - - len in die Wäl - der

ei - - len! Kön - nen nicht ent - rin - - nen,

Eh' sie sich be -

eh' sie sich be - sin - - nen, sind sie um - stellt,

sin - - nen be - sin - - - nen, sind sie um - stellt,

sind sie ge- preilt,... mit- ten im Wald, wo's Jagd- horn schallt!

sind sie ge- preilt, wo's Jagd- horn schallt!

(rücken in geschlossener Reihe vor)

Auf! wir woll'n den Wald rasch durch-strei- fen!

schlei- chet klug der Jä- ger Schaar, sie ah- nen nichts von der Ge- fahr!

Auf! wir woll'n sie mu- thig er-grei- fen!

N⁰ 5. Entrée Christel's.

ü - bel, wenn man im Schwung'f-t; oh - ne zu kla - gen,kann man's er - tra - gen, wenn man da-
Geld hat,kann ich wol sa - gen. Seh' ich ihn wie - der,pocht's mir im Mie - der, wird mir so

bei im-mer lu - stig und frei! Bin die Chri - stel von der Post!
dumm und ich weiss nicht wa - rum! Bin die Chri - stel von der Post!

Mein Amt ist herr - lich,wenn auch ge - fähr - lich,auf die A - dres - se kommt es
Er meint es ehr - lich,fragt un - auf - hör - lich,wann ich ihm fol - ge zum Al-

an? Ist's ein Ga - lan - ter, ist's ein Char - man - ter, wird es fa - tal oft dann und
tar? Er sagt: ich nehm' dich, ich sa - ge: schäm' dich, wä - ren doch ko - misch wir als

wann? Statt Recc - pis - se gäb er gern Küs - se,ptif - fig je - doch bene - lm ich mich da, lass ihn vor
Paar. Du hast zu we - nig, ich kei-nen Pfen - nig,den - ke doch,wenn einst Kin - der da! Treibt in die

molto rit.

al - lem Por - to be - zah - len, sa - ge dann la - chend zu ihm: ja ja._____ ei - nen
En - ge mich sein Ge - drän - ge, sa - ge ich la - chend zu ihm: ja ja._____ muss es

molto rit.

mf a tempo

Kuss wenn ich muss, wenn ich muss! Nur nicht gleich, nicht auf der Stell', denn bei der Post geht's nicht so
sein, werd' ich dein, werd' ich dein! Nur nicht gleich, nicht auf der Stell', denn bei der Post geht's nicht so

a tempo

colla voce

schnell; nur nicht gleich, nicht auf der Stell', denn bei der Post geht's nicht so schnell!
schnell; nur nicht gleich, nicht auf der Stell', denn bei der Post geht's nicht so schnell!

cresc.

Nein bei der Post geht's nicht so schnell, nicht auf der
Nein bei der Post geht's nicht so schnell, nicht auf der

Stell', denn bei der Post geht's nicht so schnell._____
Stell', denn bei der Post geht's nicht so schnell._____

№ 6. Terzett.

58

So hab' ich Durchlaucht mir ge - dacht, ___ das hat mir frü-her bang ge-macht:

doch kaum, dass ich ge-se-hen Sie, ___ da ward mir, ich weiss nicht wie! Gar leicht er-

weckt ___ man Sym-pa-thie, ja, leicht er - weckt ___ man Sym-pa-thie, wenn man so

(halb verlegen)

Andante sostenuto.

rei - zend ist, wie Sie, wenn man so rei - zend ist, wie Sie!

rit.

p

Allegretto.

Stanislaus.(bei Seite zu Weps.)

Das geht ja vorderhand herrlich und ganz charmant, al-so nur vorwärtskühn im-mer das Ziel im Sinn'!

Weps.(bei Seite zu Stanislaus.)

Das geht ja vorderhand herrlich und ganz charmant, al-so nur vorwärtskühn im-mer das Ziel im Sinn'!

Allegretto.

p

N.º 7. Finale.

naht sich gleich, be - glücken wird er si - cher euch! Her - bei, her - bei mit fro - hem Schritt, die Frau - en al - le

naht sich gleich, be - glücken wird er si - cher euch! Nur her - bei mit fro - hem Schritt, die Frau - en al - le

naht sich gleich, be - glücken wird er si - cher euch! Nur her - bei mit fro - hem Schritt, die Frau - en al - le

Schneck.

Die Schönste, die man

in die Mitt', gebt Acht, gebt Acht auf die Bouquets, der Fürst ist in der Näh'!

in die Mitt', gebt Acht, gebt Acht auf die Bouquets, der Fürst ist in der Näh'!

in die Mitt'! der Fürst ist in der Näh'!

wäh - len wird, dem Herrn ihr Sträuss-chen prae-sen - tirt; be - stimmt für die O - va - ti - on ist hier der Pa-vil-

70

B. & Cⁱᵉ 123

76

78

B. & Cº 129

79

86

Kurf. (eilt in den Pavillon.)

stehn!

Schneck.

Nun al - so ja, so geh' sie nur. viel-leicht kommt man doch auf die

Nun al - so ja, so geh' sie nur, viel-leicht, viel-leicht kommt man doch auf die

Nun al - so ja, so geh' sie nur. viel-leicht kommt man doch auf die

Nun al - so ja, so geh' sie nur. viel-leicht kommt man doch auf die

(erscheint wieder in der Thür.)

Niemand hier__ leer das

Spur! Niemand hier__

Niemand hier__

Niemand hier__

Spur! Niemand hier__

96

B. & Cⁱ 123

98

ist doch ei - ne In - fa - mie, In - fa - - mie! (Läuft während ab.)

nimm d'Ma-rie ih nimm d'Ma-rie, ja, ja, Ma - rie!

nimmt d'Ma-rie, er nimmt d'Ma-rie, ja, ja, Ma - rie!

nimmt d'Ma-rie, er nimmt d'Ma-rie, ja, ja, Ma - rie!

nimmt d'Ma-rie, er nimmt d'Ma-rie, ja, ja, Ma - rie!

nimmt d'Ma-rie, er nimmt d'Ma-rie, ja, ja, Ma - rie!

nimmt d'Ma-rie, er nimmt d'Ma-rie, ja, ja, Ma - rie!

Zwischenact.

104

ACT II.

N⁰ 8. Introduction.

weckt, denn er fehr von der Sau.hatz in's La.ger fort di.rect. Die Gründe war'n wol
fahl zum Spiel.beut' die Ti ro.ler in die.sen tirot.ten saal. Bis jetzt hab' ich noch
bracht beim In.spi.cir'n der Wa.che bei.nah' die hal.be Nacht. Als er zu.ruck.kam,

drin.geld, weil es so plötz.lich kam, dass er von der Frau Fürs.tin nicht ein.mal Abschied
im.mer der.glei.chen ar.ran.girt, doch dies.mal, un.er.klär.lich, hat man mich ig.no.
sah' ich, es ist höchst son.der.bar, an sei.ner E.paul.let.te ein lan.ges Frau.en.

nahm! man mun.kelt, man mun.kelt dar.ü.ber recht fa.tal, es liegt in der Luft überhaupt so
rirt!
haar!

(Bedenken aussernd)

hm! hm? hm?

hm! hm? hm?

hm! hm? hm?

E S C 124

№ 9. Duo.

o - nen hat, der Can - di - dat, da schweig ich fein, das trägt was ein! Heu - te müssen wir uns klug be -

wenn er Protec - ti - o - nen hat, da schweig ich fein, das trägt was ein!

neh - men, dip - lo - matisch al - lem uns be - que - men;

merken wir, dass man ihn pro - te -

ja, ja, ja, ja, ja, ja! ja, ja, ja, ja, ja, ja!

gi - ret, wird der Can - di - dat gleich ap - pro - bi - ret!

sollte er auch als Kameel sich zei - gen werden wir zu je - der Dummheit

ja, ja, ja, ja, ja, ja!

116

118

N⁰ 10. Terzett.

Allegretto.

nan - ce, nur Pa - ti - en - ce, treu ist ihr Be - richt, nur schmei-chelt er

nicht

Nur Con - te nan - ce, nur Pa - ti - en - ce, treu ist mein Be -

treu ist ihr Be -

Die - ser Be -

richt, nur schmeichelt er nicht!

richt, nur schmeichelt er nicht!

richt schmeichelt wol nicht!

Allegretto moderato. **Christel.**

Gar feu-rig ward nun sei-ne Re - de, gar zärt-lich drang er nun in

mich: Ver-trau - mir und sei nicht sprö-de, glau-be nur, ich lie - be

dich! Drum lass, o lass mich glücklich wer-den, o, ei - nen Kuss nur gön-ne

mir, denn ach, das Lieb-ste mir auf Er-den, das wär ein Kuss, ein Kuss von

dir, Ich a-ber wehr-te mich und sprach, so nach und nach, so nach und

nach, Ach, bit-te, Durch-laucht, bit-te, bit-te, bit-te, bit-te, das kann nicht

sein, das sa-gen Sie ja nur zum Schein! Denn Ih-re Frau küsst si-cher-lich um Vie-les

128

Nº 11. Duett.

H. & Cº 123

Christel.

Mir scheint, dass du dich stark bla-

Stanislaus.

nicht?

Christel.

mirst, wenn du mir so von Lie - be girrst, mir scheint, ich hab dich

nie ge-sehn, du willst mir nur den Kopf ver-drehn! Mir scheint, ich

cresc.

hät - te Au - gen doch, und müss - te mich er - in - nern noch, mir

scheint, dass ei - nen hüb - schen Mann ich nicht so leicht ver - ges - sen

Schau' mir nur recht in's Ge - sicht!
Schau' mir nur recht in's Ge - sicht!

Bin ich's, o - der bin ich's
Bin ich's, o - der bin ich's nicht?

nicht? Schau' mir nur recht in's Ge - sicht! Nein,
Schau' mir nur recht in's Ge - sicht!

nein, ich ken-ne dich nicht! Ganz mei-ner-
Doch es thut mir leid, auf Ehr'

molto cresc.

seits, ich bit - te sehr! Ha ha ha ha ha ha!

Ha ha ha! A - dieu, und

A -

denk' an mich, das näch-ste Mal da kenn' ich dich! A -

dien, und denk' an mich, das näch-ste Mal da kenn' ich dich! (läuft ab.)

dien, und denk' an mich, das näch-ste Mal da kenn' ich dich!

molto rit.

a tempo

Nº 12 Finale.

Andante. Adam.

Wie mein Ahnl zwan-zig Jahr' und a g'sun-der Wild-schütz

war, hat beim Mondschein er voll Lust 'serste Mal sein Re-seri busst, wie er's küsst,singt grad im

Thal wun-dern-schön a Nach-ti gall! seit der Zeit hab'n Tag und Nacht die

Zwoa sich oft ge-dacht; Noh a-mal, noh a-mal, noh a-mal sing' nur

sing' Nach-ti gall! noh a-mal, noh a-mal, noh a-mal, wie du g'sung-a hast im

Meno mosso.

ritard.

un poco rit.

colla voce rit.

B.84?424

Ahnl __ sieb - zig Jahr __ und a al - ter Kraut-zer war, __ schaut er ein - mal so am

Bach __ d'längste Zeit ein Dirn - dal nach: hat dann g'senfzt: o mein, o mein! __ wo mag

jetzt wol's Re - serl sein! __ hat dann g'juchezt wie als Bua und g'sunga still da-

zua: __ Noh a - mal, noh a - mal noh a - mal __ sing'nur sing'! Nach - ti-

Meno mosso.

gall! __ Noh a - mal noh a - mal noh a - mal, __ wie du g'sunga hast im

un poco rit.

Tempo di Valse.

158

sto - sset an! Das schönste Paar am Rhein!

Das schönste Paar am Rhein!

Das schönste Paar am Rhein!

Das schönste Paar am Rhein!

Das schönste Paar am Rhein!

Das schönste Paar am Rhein!

(Adelaide und Stanislaus nähern sich der Kurfürstin, um mit ihr anzustossen. In dem Momente, wo beide dies thun wollen, ertönt hinter der Scene die Glocke Christel's.)

Kurf.
Horch, ein Glöck - lein lei - se schlägt!

Adam.
Horch, ein Glöck - lein lei - se schlägt!

Glöckchen

162

Kurf.

P (für sich)

Horch, der Ver - rä - ther ist ent - deckt.

Adam.

P (für sich)

Horch, der Ver - rä - ther ist ent - deckt.

Tiroler und Hofleute.

pp

Horch, ein Glöck - lein lei - se schlägt.

pp

Horch, ein Glöck - lein lei - se schlägt.

pp

Horch, ein Glöck - lein lei - se schlägt.

cresc.

Adelaide.

p

(Christel tritt plötz-
lich hervor)

Horch ein Glöck - lein lei - se schlägt.

Stanislaus.

Horch ein Glöck - lein lei - se schlägt.

Weps.

p

Horch ein Glöck - lein lei - se schlägt.

mf (neugierig)

Das ist, das ist wol der Ef -

mf

Das ist, das ist wol der Ef -

mf

Das ist, das ist wol der Ef -

p

mf

B & Cⁱ 123

Christel.
Wahr - lich, jetzt gibts ei - ne Sce - ne!

Kurf. (zu Adam auf Stanislaus zeigend)
Wahr - lich, jetzt gibts ei - ne Sce - ne! Um deine Eh - re

Adelaide.
We - he, jetzt gibts ei - ne Sce - ne!

Adam.
Wart nur, jetzt gibts ei - ne Sce - ne!

Stanislaus.
Ei, jetzt gibts wohl ei - ne Sce - ne!

Weps.
Ei, jetzt gibts wohl ei - ne Sce - ne!

gibts wohl ei - ne Sce - ne, jetzt gibts ei - ne Sce - ne!

jetzt gibts ei - ne Sce - ne, jetzt gibts ei - ne Sce - ne!

jetzt gibts ei - ne Sce - ne, jetzt gibts ei - ne Sce - ne!

170

B. & Co 123

Allegro molto.

(Christel kehrt, nach sichtlicher Erregung, dann aber plötzlich wie umgeändert und ganz heiter zu Stanislaus zurück

und stellt sich an dessen Seite.)

Christel.(sehr fröhlich

Nun, wohl.

Tempo di Valse.

(und selbstbewusst.)

au, jetzt bin ich Braut, werd' dem Gra-fen an-ge-traut, werd' ver-schaf-fen

mir Re-spect, mach' als Grä-fin wohlEf-fect!

Tiroler und Hofleute.

Nun, wohl-an jetzt

Nun, wohl-an jetzt

Nun, wohl-an jetzt

180

181

182

Zwischenact.

Meno mosso e sostenuto.

ACT III.

№ 13. Introduction.

Braut! und weil wir op-po-nirt, hat sie uns ti-tu-lirt, wie ei-ne Fu - rie

Braut! und weil wir op-po-nirt, hat sie uns ti-tu-lirt! wie ei-ne Fu-rie

die Braut?

laut ja die Braut!

laut ja die Braut!

A-ber Kin-der, seid ge - scheidt, wa-rum denn desweg'n

Streit? Das ist ja nur zum la-chen, wa-rum Spek-ta-kel machen?

Ja Trümmer schauder-

In

Kin - der, a - ber Kin - der, thut mir doch nur nicht so schrein, nur nicht so schrein!

nein, das ist uns zu ge - mein! drum stell'n den Dienst wir ein!

nein, das ist uns zu ge - mein! drum stell'n den Dienst wir ein!

(enträstet und stürmisch ab.)

No 14. Lied.

Andante.

Kurfürstin.

träumerisch

1. Als ge-blüht der
2. Still ver-klang der

Kir-schen-baum, ging ich zum Wal-de wie im Traum, an des Brau-nens
Hoch-zeit Pracht und von den Ber-gen stieg die Nacht. Bang trat ich in's

küh-len Rand, wo hell die wei-sse Bir-ke stand. An dem blau-en
Braut-ge-mach und lei-se, lei-se schlich er nach. Draussen fie-len

Him-mels-bo-gen ging der Mond, die ster-ne zo-gen.
Blü-then-flo-cken. drin der Kranz von mei-nen Lo-cken.

Piano.

rit.

tempo

Ei - nen Rei - ter hört ich ja - gen, und mein Herz hub
Heim - lich flüs - ternd half der Frei - er, mir zu lö - sen

an zu schla - gen, denn er hielt sein Küss - lein an,— ach Gott! er
Band und Schlei - er, sah da - bei mich zärt - lich an— ach, er war

molto ritard.

1.
war, ein schö - ner, schö - ner Mann!

2.
doch ein schö - ner, schö - ner Mann!——

tempo

№ 15. Couplet.

Allegretto, un poco mosso.

Adam.

Piano.

1. Kom' ih iazt wie - der ham und mit'n Herrn Plar - rer z'sam',
2. Drun - ten im Zil - ler - thal, wo die Welt gar so schmal,
3. Geh' ih in d'Stadt hi - nein, siech da a Fräuln gar lein,
4. Z'nachst im The - a - ter drein, geh' ih mit'n Vo - dern 'nein,
5. Sie is a Gou - ver - nant, schleich da - bei, dass a Schand.

waun ih eahm daun, viel - leicht, was mir da g'scheg'h is, beicht',
woas ih an Al - mer - ditn', die kann guat But - ter - rührn,
wei - sser Petz, 'draht um's Gnack, Stie - feln zongts her mit Lack,
da habn uns d'Au - gen glanzt, da hat a Jung - fer tanzt.
Sie redt a je - de Sprach, tragt ah koan Mensch dar - nach.

ih a - mal a Gim - pel war, _____ Herr Pfar - - rer,
dö a - mal a Lach - taubn war, _____ Herr Pfar - - rer,
dö a - mal a Zeis - serl war, _____ Herr Pfar - - rer,
dö a - mal koan An - ten war, _____ Herr Pfar - - rer,
dö a - mal a Pa - perl war, _____ Herr Pfar - - rer,

mir is's klar, dass ih___ a Gim - pel war!
mir is's klar, dass dö___ a Lach - taubn war!
mir is's klar, dass dö___ a Zeis - serl war!
mir is's klar, dass dö___ koan An - ten war!
mir is's klar, dass dö___ a Pa - perl war!

(Händeklatschen und Nüance nach Inhalt der einzelnen Strophe.)

№ 16. Terzett.

Stanislaus.

kann sich leicht bla - mi - ren, will mit Frau - en Krieg man füh - ren, statt als

Sie - ger heim zu - keh - ren, gibt zum Schluss man Fer - sen - geld!

Christel.

Zeigt der Herr die klein - ste Blö - sse aus ist's, aus ist's mit der Hel - den

grö - sse er ver - wirkt des Kam - pfes Eh - ren und be -

schämt räumt er das Feld!

Wer

und be - schämt räumt er das Feld!

Was thut der Arme dann?

Nº 17. Finale.

CPSIA information can be obtained
at www.ICGtesting.com
Printed in the USA
LVHW111404050223
738715LV00005B/438